LA
PROPRIÉTÉ

MISE

A LA PORTÉE DE TOUT LE MONDE

PAR

H. DUTHOIT

Propriétaire au Raincy.

PARIS

IMPRIMERIE PILLET ET DUMOULIN

5, RUE DES GRANDS-AUGUSTINS, 5.

1883

LA PROPRIÉTÉ

MISE

A LA PORTÉE DE TOUT LE MONDE

PAR

H. DUTHOIT

Propriétaire au Raincy.

PARIS

IMPRIMERIE PILLET ET DUMOULIN

5, RUE DES GRANDS-AUGUSTINS, 5.

1883

LA PROPRIÉTÉ

MISE A LA PORTÉE DE TOUT LE MONDE

CHAPITRE PREMIER

I

AVANTAGES DE LA PROPRIÉTÉ DU FOYER

De tout temps, des amis ardents de l'humanité ont cherché, d'après les coutumes consacrées par l'expérience, les moyens d'adoucir et même de guérir les souffrances physiques et morales de la classe des déshérités.

Le foyer est sans contredit le premier trésor d'une famille et la condition la plus importante de son bien-être.

L'attachement naturel de l'homme pour la demeure paternelle suffit pour le prouver. Il y a un vide immense et funeste dans la vie de ceux qui n'ont pas connu le foyer domestique permanent ; car les souvenirs jouent un rôle immense dans nos affections, et il manque quelque chose aux liens, aux traditions de la famille quand nos souvenirs ne peuvent s'attacher aux lieux où s'écoulent notre vie et, surtout, nos premières années.

Au point de vue social, il y a là une question des plus graves, puisque l'amour du foyer domestique a toujours été reconnu comme l'un des principes essentiels de l'amour de la patrie.

Rendre l'homme propriétaire, c'est donc lui fournir le premier élément du bonheur et des joies de la famille.

La propriété du foyer par la famille était autrefois presque universelle. Elle l'est encore aujourd'hui en Russie, où les serfs mêmes ont possédé de tout temps leur maison et le terrain adjacent. Malheureusement, cette coutume a beaucoup perdu en France de sa généralité ; et les agglomérations manufacturières, jointes à la loi du partage forcé et de la vente du bien patrimonial des orphelins mineurs, tendent à la faire disparaître de plus en plus. Si l'on veut la rencontrer encore dans toute sa vigueur, il faut se porter vers les peuples du nord, de l'orient et du midi de l'Europe. Là, une jeune fille ne consentirait jamais à entrer en ménage dans une maison qui ne serait pas la propriété de la famille.

L'ouvrier qui a *sa* maison et *son* jardin ne peut manquer de les aimer ; il se plaira à les embellir, et dès qu'il *se plaît chez lui* il ne tardera pas à oublier le chemin du cabaret.

La culture de son jardin lui donnera une distraction saine et fortifiante.

Les enfants aussi seront heureux de vivre dans une maison où règnera la propreté, où ils respireront un air sain, où ils auront de l'espace pour prendre leurs ébats. Quelle différence avec ces familles d'ouvriers, resserrés dans de toutes petites chambres au cinquième ou au sixième étage, manquant d'air, étouffant de chaleur en été, transis de froid en hiver ; pour eux le foyer domestique n'est qu'un lieu de souffrance, comment pourraient-ils l'aimer ? Et d'ailleurs à quoi bon s'y attacher, puisqu'à chaque terme ils sont exposés à devoir le quitter !

Tous les hommes qui pensent ont compris qu'il y a là un vice immense dans notre état social. La famille étant la source et le modèle de la société, elle est, par l'amour qui attache les cœurs au foyer, le plus ferme rempart de la patrie ! Il est donc d'un immense intérêt social que l'ouvrier possède son foyer.

II

COMMENT ON PEUT DEVENIR PROPRIÉTAIRE DE SON FOYER

Est-il bien difficile de rendre l'ouvrier propriétaire de sa maison d'habitation ? Nullement.

Vu l'importance de la question, depuis quelques années bien des efforts ont été tentés, bien des combinaisons ont été mises en pratique pour procurer à l'ouvrier son foyer, et détruire les causes d'antagonisme social que développe le régime des locations.

Aujourd'hui, dans presque toutes les villes importantes, il existe des sociétés d'habitations ouvrières.

Toutes ont un fonctionnement spécial, distinct, approprié aux besoins locaux. Ces sociétés ont été créées la plupart dans un but philanthropique, mais la question d'intérêt n'a pas été cependant négligée.

Nous croyons utile de dire quelques mots touchant le fonctionnement des plus importantes.

En Angleterre, ces sociétés rendent d'immenses services aux ouvriers.

Elles se divisent en :

Land Societies, « ayant pour but de transformer les terrains de culture en terrains à bâtir par le nivellement du sol, le percement des rues, et tous les travaux nécessaires pour créer un village rural.

« La Société se compose de patrons, dont l'intervention est gratuite, et de souscripteurs en nombre égal à celui des emplacements distincts qui peuvent être attribués dans le nouveau quartier. Le montant de la souscription hebdomadaire est établi de telle sorte que, d'une part, la Société soit accessible à la classe qu'on a en vue de servir, et que, de l'autre, chacun puisse être pourvu de son terrain dans un délai qui ne soit pas trop éloigné.

« Les ouvriers sont mis en possession du terrain

après qu'ils ont déjà fourni une partie de leur sous-cription, et l'on s'arrange ordinairement pour que l'opération soit entièrement liquidée dans un délai de dix à quinze ans [1] ».

Les *Land and Building's Societies* joignent aux opérations des *Land Societies* la construction d'un grand nombre de maisons sur un type presque toujours uniforme.

Les *Building Societies*, au nombre de plus de cinq mille, font des prêts aux personnes qui veulent devenir propriétaires. Ces prêts, hypothéqués sur l'immeuble, sont remboursables au moyen d'un loyer que libère le propriétaire au bout d'un certain nombre d'années.

Nous empruntons à M. Cacheux, ingénieur des arts et manufactures, les détails suivants sur le fonctionnement et les avantages des *Building Societies* [2] :

« Les capitaux dont ces sociétés disposent sont formés :

« 1° Par les cotisations hebdomadaires, mensuelles, trimestrielles ou annuelles versées par les membres;

« 2° Par les dépôts que leur confient des personnes ou des sociétés désireuses de placer leurs capitaux à un taux rémunérateur. Les opérations des *Building's Societies* sont très sûres, car leurs statuts leur défendent de prêter de l'argent autrement que sur hypothèque, et elles payent toujours aux déposants au

1. Le Play. *Les ouvriers du Nord*. Tome III, p. 398.
2. *Bulletin de la Société d'Économie sociale*. Session 1880, tome VII.

moins 5 pour 100 d'intérêt et des primes plus ou moins élevées pour attirer des capitaux.

« Les fonds disponibles ne restent jamais longtemps dans les caisses de la Société. On emploie divers moyens pour satisfaire aux nombreuses demandes qui sont faites.

« L'argent est divisé par lots qui sont distribués, soit :

« 1° Par voie d'enchères, au plus fort et dernier enchérisseur ;

« 2° Par voie de rotation, c'est-à-dire à tour de rôle d'inscription ;

« 3° Par voie de tirage au sort.

« Les lots ne sont délivrés qu'aux personnes offrant de bonnes garanties. Quand une personne désire emprunter, elle s'adresse par lettre au directeur de la Société. Celui-ci délègue un avoué plaidant et un architecte pour examiner, l'un, les titres de la propriété, l'autre, les valeurs des propriétés données en gages. Ces deux fonctionnaires font un rapport au conseil d'administration qui décide de l'importance de la somme à avancer. Quand l'emprunteur n'a qu'un terrain, on lui avance des fonds, une fois que ses titres de propriété sont bien établis, au fur et à mesure de ses besoins, sur le rapport de l'architecte de la Société. »

L'argent étant le principal moteur des *Building's Societies*, ces associations se transforment de mille manières pour en obtenir le plus possible. Il suffit qu'une société anglaise dépose ses statuts pour être autorisée ; il importe donc de les examiner avec beaucoup de soin avant de les accepter.

L'argent est prêté par les *Building's Societies* à des taux très élevés ; mais comme les maisons sont louées généralement sur le pied de 10 pour 100 du prix de revient, on comprend que l'annuité que l'emprunteur a à payer pendant quinze ans, pour devenir propriétaire de l'immeuble qu'il habite, soit de très peu supérieure au loyer qu'il aurait à payer autrement. J'ai reconnu la fausseté de bien des prospectus annonçant que pour des sommes peu importantes on peut devenir propriétaire ; mais s'il y a souvent de l'exagération dans les avantages annoncés, il n'en est pas moins vrai que les *Building's Societies* en général ont rendu d'immenses services aux ouvriers anglais, et ce qui prouve cette assertion, c'est le grand nombre de travailleurs qui possèdent aujourd'hui un foyer en Angleterre.

Un exemple suffira pour faire comprendre les avantages résultant d'un prêt fait par un *Building's Society*.

Une personne paye 900 francs pour le loyer de la maison qu'elle occupe.

Elle peut acquérir cette maison pour 90 ans. (En Angleterre, le terrain n'est loué que pour 90 ans ; au bout de ce temps le sol revient au bailleur avec toutes les constructions qui s'y trouvent, moyennant le payement comptant de 8,375 francs et celui d'une rente annuelle de 75 francs pour le sol.)

Si cette personne possède 875 francs, elle se procurera les 7,500 francs qui lui manquent en s'adressant à une *Building's Society*, la *Birckbeck Society*, par exemple, qui les lui avancera, moyennant le payement de cotisations mensuelles de 67 fr. 50 c. faites pendant quatorze ans.

D'après le prospectus de la Société, le prix de la maison sera le suivant :

Montant des cotisations mensuelles....	11.340 fr.
Rente du sol.	1.050
Commission donnée à la Société.....	1.050
Somme avancée par le membre......	875
Total.......	14.315 fr.

En restant locataire, l'acquéreur eût déboursé pendant 14 ans (14 × 900)... 12.600

Il déboursera donc. .... 1.715 fr.
pour devenir propriétaire.

Si l'on refait le calcul, en tenant compte de l'intérêt de la somme payée d'avance, des charges qui incombent au propriétaire et de l'intérêt de la commission, on arrive à un total de déboursés égal à 3,800 francs, soit un peu plus du double de la dépense annoncée par le prospectus.

Quoi qu'il en soit, au bout de quatorze ans l'acquéreur n'aura plus à payer pour son loyer qu'une somme de

75 francs, au lieu de 900 francs ; il s'est donc constitué une rente à fonds perdu, dont le capital peut être évalué à 14,000 francs. Par le seul fait de devenir propriétaire, le membre bénéficie donc de 10,200 francs.

En 1865, Birmingham possédait de 8 à 9,000 maisons bâties par des sociétés de ce genre.

A Sheffield, presque tous les ouvriers possèdent leur maison et leur jardin.

Les *Building's Societies* fonctionnent également aux États-Unis, et c'est même par leur initiative qu'une grande partie de la ville de Philadelphie a été construite.

A Londres, 28 sociétés logent 36,410 personnes.

A Copenhague, 8 sociétés logent 6,523 personnes.

Bruxelles, Liège, Madrid, Gênes, Milan, Florence, Moscou, Amsterdam possèdent des sociétés d'habitations ouvrières.

Paris, qui a l'habitude de prendre la tête du progrès, par extraordinaire reste en arrière sous ce rapport.

Cependant, signalons une tentative faite à Paris par MM. de Madre et Cacheux, dans le but de rendre les ouvriers propriétaires de leurs foyers[1].

« La raison principale, dit ce dernier, qui nous a décidés à construire à Paris des maisons isolées, c'est que ces maisons peuvent se vendre par annuités aux ouvriers et qu'elles leur offrent un moyen sûr de placer

---

1. *Bulletin de la Société d'Économie sociale.* Session 1880, tome VII.

leurs économies à un taux plus rémunérateur que celui de la Caisse d'épargne.

« En effet, les logements d'ouvriers sont généralement loués à raison de 8 pour 100 de leur prix de revient. Cet intérêt élevé doit compenser les pertes causées aux propriétaires par les mauvais locataires. Quand on est sûr d'être payé, on peut vendre les mêmes maisons moyennant le payement, pendant vingt ans, d'une annuité égale à 8 pour 100 du prix de revient.

« Dans ces conditions, le locataire devient propriétaire par le seul fait d'habiter la maison pendant vingt ans, et s'il fait des économies, il peut les placer à 8 pour 100, en se libérant par acomptes. Il diminue, par ce fait, de 8 pour 100 de la somme qu'il remet à son vendeur, la valeur de l'annuité qu'il paye chaque année. Tout remboursement anticipé équivaut donc à un placement à intérêts composés fait à raison de 8 pour 100 l'an, et capitalisé tous les trois mois, puisqu'on paye les loyers chaque trimestre.

« Il est reconnu que le prix d'une maison salubre et commode, à Paris, ne peut être inférieur à 6,000 francs. Par conséquent, il suffira de prêter à l'ouvrier un logement valant 6,000 francs aux mêmes conditions qu'une somme d'argent.

« Les grands industriels reconnaissent que construire des maisons pour loger leurs ouvriers, c'est le meilleur moyen de les fixer dans le voisinage de l'usine. Cette combinaison rentre dans l'organisation générale d'un établissement bien dirigé. Il est reconnu que les villages ainsi créés par les ouvriers devenus propriétaires sont beaucoup plus disciplinés que les autres et fournissent de bien meilleurs auxiliaires.

« Parmi les combinaisons qui ont été essayées pour rendre l'ouvrier propriétaire, la plus connue est celle de la Société des cités ouvrières de Mulhouse. Elle a fait construire plus de huit cents maisons, au prix de 3,000 francs pour celles à rez-de-chaussée, et 3,800 francs pour celles à étage.

« Les logements à rez-de-chaussée se composent d'une cuisine, qui sert d'entrée, et de deux chambres, plus un grenier et une cave de toute la superficie du logement.

« Ceux à étage ont la même disposition au rez-de-chaussée, plus trois pièces au-dessus.

« Les types préférés, après essais et expérience de plusieurs modèles, sont les logements groupés par quatre, à étage et à rez-de-chaussée. La société se tient actuellement à ces deux modèles et n'en construit plus d'autres.

« Le terrain employé pour un groupe de quatre maisons est de six cent quatre-vingts mètres, soit pour chaque logement cent soixante-dix mètres, non compris les rues et passages. La surface du logement étant de trente-six mètres, il reste donc cent trente-quatre mètres pour le jardin.

« La valeur des terrains employés à ces constructions est actuellement de 2 francs le mètre.

« Les acheteurs se libèrent du prix de leur logement en quatorze années, moyennant un versement mensuel de 25 francs, pour ceux à rez-de-chaussée, et 31 francs pour ceux à étage. Ces payements comprennent l'amortissement et l'intérêt au taux de 5 pour 100 l'an.

« Ailleurs, comme au Creusot, à la Vieille-Montagne et dans une multitude d'autres établissements modèles, l'usine donne le terrain, ou le vend à bas prix, et fournit un architecte et un entrepreneur; mais, au lieu d'imposer un type uniforme, elle laisse l'ouvrier libre de construire et d'aménager à son gré.

« C'est ce que fait par exemple la compagnie des exploitations houillères de Blanzy.

« Elle remet aux ouvriers, qui désirent bâtir, des parcelles de terrains, comptées au prix coûtant, et leur fait pour la construction des avances de mille francs en moyenne.

« Ils ont dix ans pour rembourser la dette ainsi contractée, sans intérêts, tant qu'ils restent ouvriers de la Compagnie, et peuvent se libérer par un prélèvement mensuel sur leurs salaires[1] ».

Les sociétés fondées dans le but de procurer à l'ouvrier son foyer peuvent se diviser en plusieurs classes :

1° Celles qui n'ont en vue que la spéculation;

1. *Programme du Gouvernement et d'économie sociale,* p. 63.

2° Celles qui ont la bienfaisance pour mobile ;

3° Et celles qui entendent concilier et leurs intérêts et ceux des ouvriers.

Celles qui n'ont en vue que la spéculation ne sont pas à encourager, et de plus, au point de vue économique, doivent rencontrer de sérieuses difficultés ; car il ne faut pas se faire illusion, la perception des loyers de maisons ouvrières se fait avec peine. Souvent le locataire se dérobe à l'échéance des termes si aucun intérêt ne le retient.

Il en résulte que les spéculateurs qui hasardent leurs fonds ont intérêt à élever leurs prétentions au niveau des risques qu'ils courent.

Celles qui se fondent dans un intérêt purement philanthropique sont très recommandables, sans doute ; mais, en général, pour attirer les capitaux, il est bon de joindre à l'intérêt moral une rémunération suffisante de l'argent engagé. Par cette raison, elles ne peuvent produire que des effets limités. Enfin les sociétés qui se forment au double point de vue moral et financier nous paraissent destinées à donner les plus grands résultats.

On peut classer dans cette catégorie les sociétés du Creusot, de Mulhouse, du Câteau et beaucoup d'autres établissements, quoique étant constitués dans un but philanthropique ; car les sacrifices qu'ils font sont largement compensés par l'intérêt qu'ils ont de retenir leurs ouvriers dans leur voisinage, et ils obtiennent par ce moyen des collaborateurs plus zélés et plus disciplinés.

En résumé, nous pensons que c'est par la conciliation des intérêts du capitaliste avançant les fonds et du locataire rendu propriétaire, qu'on peut obtenir les meilleurs résultats.

CHAPITRE II

I

APPLICATION D'UNE COMBINAISON AU RAINCY.

Nous avons voulu, avant de développer notre système, donner quelques détails sur les différentes combinaisons mises en pratique pour procurer à l'ouvrier son foyer.

D'après l'expérience large et complète, faite par nous depuis 1876, aux environs de Paris, j'ai bâti vingt-huit maisons sur les territoires de Bondy, Ville-momble et le Raincy.

La plupart de ces maisons sont occupées par baux de dix ans, et le prix de location, *sans s'élever au-dessus du prix ordinaire*, m'assure, dans ce laps de temps, le remboursement intégral de mon capital, et de plus, l'intérêt annuel de 5 pour 100.

Nous disons la plupart, car je laisse toujours au preneur, qui a le désir de pouvoir se dire propriétaire avant l'époque déterminée par le bail, la faculté de payer par anticipation.

II

COMMENT SE FAIT-IL QUE LA PERCEPTION D'UN LOYER ORDINAIRE SUFFISE POUR PAYER UNE MAISON EN DIX ANS?

Au premier abord, ce problème paraît difficile à résoudre ; mais on comprendra qu'il n'est pas insoluble si l'on considère les bases d'après lesquelles les propriétaires établissent le prix ordinaire de location. Ils ont à tenir compte des réparations locatives qu'ils ont à supporter assez fréquemment, et des non-valeurs provenant des termes où plusieurs appartements et même la maison entière se trouvent sans locataire ; de sorte que, pour retirer de son capital un revenu de 5 pour 100, le propriétaire est forcé de louer les logements ouvriers à raison de 8 à 9 pour 100 de leur prix de revient.

Avec notre système de bail de dix ans, et le parfait état d'une maison toute neuve, dont l'entretien incombe à l'unique locataire qui doit en devenir propriétaire, ces charges disparaissent pour nous.

Il faut considérer aussi qu'à l'aide de certaines combinaisons on peut établir des constructions au moins à 30 pour 100 au-dessous des prix ordinaires : cela est facile, comme on va le voir plus loin.

Ainsi, un propriétaire dans les conditions ordinaires voulant retirer 5 pour 100 de son capital, pour une maison d'une valeur de 4,000 francs prélèvera 8 à 9 pour 100, soit 340 francs.

Pour nous, d'après notre système, la même construction coûterait 33 pour 100 en moins, soit 2,667 francs.

III

COMMENT J'ÉTABLIS LE PRIX DE LOCATION

Pour établir mon prix de location, je calcule un intérêt annuel de 13 pour 100 sur la somme dépensée pour l'achat du terrain et la construction de la maison : 5 pour 100 sont consacrés à servir l'intérêt du capital et les 8 pour 100 qui restent constituent un fonds d'amortissement qui, avec les intérêts capitalisés, forme, au bout de dix ans, une somme égale à celle qui a été dépensée pour la construction et l'achat du terrain. Or, 13 pour 100 sur 2,667 francs me donne 346 francs, somme égale à celle perçue en location ordinaire.

Je suis donc rentré dans mon capital au bout de dix ans, et j'en ai touché régulièrement l'intérêt à 5 pour 100.

Je puis dès lors abandonner l'immeuble au profit du locataire, en ne lui demandant, pour cette cession absolue, que le remboursement des impôts payés par moi pendant dix ans.

Si, par extraordinaire, un locataire ne remplissait

pas les clauses du bail, il en perdrait le bénéfice, et dans l'intérêt annuel de 13 pour 100, encaissé par nous, nous trouverions un large dédommagement pour un terme ou deux employés à chercher un nouveau preneur.

On peut donc dire : Quand on a de quoi payer son terme, on peut avoir une maison à soi.

IV

EXEMPLE DU PRIX DE LOCATION PAR BAIL DE DIX ANS AU RAINCY

Dans les conditions où je me trouve au Raincy, j'ai pu, pour un loyer de 250 francs, donner une maison couvrant une surface de 33 mètres, composée d'un rez-de-chaussée de trois pièces avec grenier au-dessus et entourée d'un jardin de 400 mètres. En groupant ces mêmes maisons par quatre et en leur donnant un peu moins de terrain, il serait possible, dans les localités où le terrain est bon marché, d'établir la location à 200 francs.

Pour d'autres ouvriers, capables de supporter une charge un peu plus lourde, j'ai donné, pour un loyer de 300 francs, une maison (surface, 42 mètres), composée d'un rez-de-chaussée de quatre pièces avec grenier au-dessus et entourée d'un jardin de 200 mètres.

Pour les employés qui peuvent payer un loyer de 380 francs, j'ai bâti une maison ayant 39 mètres de surface, composée d'un rez-de-chaussée de quatre pièces, élevé sur cave, d'un grenier, et entourée d'un jardin de 500 mètres.

Pour d'autres, dont les ressources sont assez abondantes pour s'imposer pendant dix ans un loyer de 760 francs, j'ai pu leur donner une maison couvrant une superficie de 53 mètres, composée d'un rez-de-chaussée élevé sur cave, du premier étage avec grenier au-dessus, et 500 mètres de terrain.

Enfin il est des employés, des commerçants qui ont voulu profiter des avantages de ma combinaison, pour lesquels j'ai construit des maisons dont les payements annuels varient de 1,000 à 1,800 francs.

CHAPITRE III

I

Pour nous, il n'y a pas à hésiter : notre combinaison
n'est praticable qu'à la campagne, dans les petites
localités reliées aux grandes villes par des moyens
faciles et économiques de transport; de manière que
le locataire puisse travailler en ville tout en habitant
la campagne.

Là seulement nous trouvons des terrains à bon
marché, à la portée de l'ouvrier. Car nous attachons
un prix important au jardin, pour le bien-être et la
moralisation de la famille. Là aussi les denrées
alimentaires, exemptes d'impôt, peuvent procurer la
vie à bon marché.

Enfin, l'air y est plus favorable pour un travailleur
dont la santé est la principale richesse.

Vivre à la campagne est un besoin qui s'impose de

jour en jour davantage pour toutes les classes de la société ; car il faut reconnaître que la plupart des petits logements des villes sont insalubres.

Il résulte de l'examen des statistiques que le chiffre de la mortalité, dans la ville de Paris, s'est accru dans ces dernières années d'une manière alarmante, et que ce sont les maladies infectieuses qui ont fait le plus grand nombre de victimes.

Une grande partie, la moitié environ, de l'augmentation des décès résulte spécialement du développement extraordinaire de trois maladies infectieuses : la fièvre typhoïde, la variole, la diphthérie.

II

ÉTUDES PRÉALABLES SUR LE CHOIX DU TERRAIN

Avant de s'engager à construire à la campagne, il faut commencer par étudier avec soin son terrain ; le parcourir en tous sens ; se rendre compte de la manière dont l'écoulement des eaux pluviales s'opère et y faire des sondages de 2 à 3 mètres de profondeur ; car la nature du sol a une grande importance sous plusieurs points de vue.

Si le terrain est composé de sable sec, ce sable peut être employé utilement pour la construction. Il peut s'y trouver aussi de la pierre à bâtir, ou de l'argile qui sert à faire des briques.

Nous devons ajouter que presque toujours le sol contient l'un ou l'autre de ces matériaux, qu'on peut appliquer utilement à la construction.

Au point de vue de la culture, l'épaisseur de la couche de terre est un élément dont on doit tenir compte. L'inconvénient d'une terre végétale peu épaisse, reposant sur un sous-sol imperméable, telle que la glaise, apporte trop d'humidité dans la saison des pluies, et les eaux sont trop hâtivement enlevées par l'évaporation dans les temps de sécheresse.

Afin d'éviter ces inconvénients, on doit, autant que possible, choisir un sol de consistance moyenne, silico-argileux, par exemple, et offrant une profondeur de 1 m. 50 au moins.

III

DE L'ORIENTATION DES HABITATIONS

A la campagne, ce sont, en grande partie, les points de vue qui doivent déterminer la position de la maison.

En se promenant sur tous les sens du terrain, on découvrira les points de vue les plus étendus et les plus agréables. On fera bien même de s'élever à la hauteur d'un premier étage (3 à 4 mètres), afin de pouvoir mieux en juger. Si déjà il se trouve une agglomération de maisons isolées, il faut orienter la façade de manière à profiter des échappées entre les distances qui séparent les maisons, et tenir compte aussi des positions probables de constructions futures.

L'étude de ces détails est importante, si l'on ne veut pas avoir plus tard à se repentir d'avoir agi avec trop de précipitation et sans prévoyance.

A moins que l'on veuille exercer un commerce, il est préférable de ne pas bâtir sur rue. On évite ainsi le bruit des voitures, la poussière et l'indiscrétion des passants. Il est alors aussi plus facile, dès le matin, d'ouvrir portes et croisées pour renouveler l'air vicié de l'appartement.

Un autre avantage important, c'est qu'en l'éloignant de la rue la maison gagnera beaucoup en apparence, surtout si on a soin de donner au sol sur lequel on veut construire une forme convexe.

On peut construire sur le versant d'une montagne, d'une colline. Le rez-de-chaussée forme sous-sol d'un côté, et le premier étage forme rez-de-chaussée de l'autre. Mais il faudra bien s'assurer, en faisant la fouille, qu'il n'existe pas de filets d'eau dans le terrain. Dans ce cas, il ne faudrait pas hésiter à faire établir un drainage sur les trois côtés qui enveloppent la maison, de manière à conduire les eaux, par une direction divergente des deux faces latérales, dans des puisards plus bas que le niveau du sol des caves.

Un philosophe grec, Xénophon, disait il y a vingt-trois siècles :

« Quand on veut bâtir une maison, ne doit-on pas s'étudier à la rendre en même temps agréable et commode? Eh bien, continuait-il, quand les maisons regardent le Midi, le soleil pénètre en hiver dans les appartements, et en été, passant au-dessus de ma tête et par-dessus les toits, il procure de l'ombre.

« Il est bon de donner de l'élévation aux édifices qui sont exposés au Midi, pour que les appartements reçoivent le soleil en hiver, et tenir fort bas ceux qui sont exposés au Nord, afin qu'ils soient moins battus des vents froids.

« En un mot, la plus belle, la plus agréable maison est celle qui fournit la plus agréable retraite en toute saison et où l'on renferme avec le plus de sûreté ce qu'on possède. »

On ne tient pas assez compte, dans l'orientation des maisons, de l'influence du soleil sur la santé et la beauté de la race, dont les anciens faisaient grand cas.

Il est donc essentiel, en combinant le plan d'une maison, de faire en sorte que les pièces les plus long-temps habitées profitent, le plus possible, de l'action bienfaisante du soleil.

Si le terrain sur lequel on bâtit est planté de grands arbres, il faut avoir soin de conserver ceux qui peuvent garantir la maison contre l'action du vent du Nord. Même en hiver, ces arbres dépourvus de feuilles rendent encore des services en brisant l'action du vent et en tempérant la force des bourrasques.

Il faut donc, avant toutes choses, s'occuper de la salubrité, et pour cela examiner, ainsi que nous l'avons dit, les différentes expositions, et choisir la plus favorable. Qu'on n'oublie pas non plus que la dimension de la maison doit, autant que possible, être proportionnée à l'étendue du terrain.

Et ce qui n'est pas moins important, c'est de donner, à la maison et au terrain, une étendue relative à la fortune et aux besoins de celui qui doit en devenir propriétaire.

IV

DE L'EAU.

Il est essentiel, avant de construire, de s'assurer si le terrain offre des sources propres à donner sur place l'eau indispensable aux travaux que l'on projette. On croit généralement que les sources sont à de grandes profondeurs ; et cette erreur a été accréditée dans beaucoup de localités par la profondeur qu'on a donnée à certains puits placés au hasard. Cependant, en choisissant l'emplacement d'une fouille avec discernement, on trouvera presque toujours que les eaux qui circulent dans le sein de la terre ne sauraient pénétrer à de grandes profondeurs sans rencontrer une ou même souvent plusieurs couches imperméables, qui les empêchent de descendre indéfiniment.

Les terrains imperméables sont les roches massives,

certaines roches d'agrégation, les argiles et les glaises. Ceux, au contraire, qui ne retiennent pas les eaux, se composent de roches non stratifiées, divisées en blocs et fragments de toutes sortes, séparés les uns des autres par des fentes ou crevasses qui ont différentes directions ; ils se composent aussi de roches à stratification à peu près horizontale, divisées par des fissures verticales en blocs prismatiques et peu étendus ; enfin, les autres sont des terrains désagrégés ou détritiques ; les eaux pluviales pénètrent chacun de ces terrains de différentes manières, jusqu'à ce qu'elles rencontrent la couche imperméable.

V

MOYENS A PRENDRE POUR BATIR AVEC ÉCONOMIE.

Il faut d'abord recueillir des renseignements exacts sur le prix des matériaux et de la main-d'œuvre dans le pays où l'on veut construire des maisons, et choisir ensuite les matériaux les plus avantageux sous le double rapport du prix et de la qualité.

Quand on possède tous les renseignements nécessaires, on peut débattre ses intérêts avec connaissance de cause ; il ne s'agit plus que de faire choix d'un entrepreneur consciencieux. C'est là le point délicat et difficile.

Quand on possède quelques notions sur l'art de la

construction, et qu'on a le loisir de suivre les travaux, on trouvera un sérieux avantage à acheter soi-même tous les matériaux; dans ce cas, il est préférable de de faire bâtir à *façon*.

Mais, si l'on ne peut s'en occuper d'une manière continue, il vaut mieux traiter à *forfait*.

Dans tous les cas, comme le plâtre joue un grand rôle dans les constructions, il est bon d'en surveiller l'emploi; car il arrive assez souvent qu'il est économisé, par les entrepreneurs, d'une manière désastreuse pour la solidité des murs.

Il faut viser surtout à la solidité; donner aux murs une épaisseur proportionnée à l'importance de la construction; renoncer à tous matériaux de luxe, à toute ornementation superflue et surtout éviter tout emploi de matériaux complètement inutiles.

Nous insistons surtout sur la sobriété d'ornementation, si l'on veut bâtir à bon marché, et nous répéterons sans cesse qu'il faut apporter une grande économie dans l'emploi des moulures et des ornements tant intérieurs qu'extérieurs. L'essentiel, dans la construction aussi bien que dans la décoration des murs et des plafonds, c'est que chaque chose, chaque ornement ait sa raison d'être et qu'on ne puisse rien supprimer sans que l'œuvre n'en souffre dans son ensemble.

Il serait à désirer qu'on comprît bien qu'avec des faces lisses de belle proportion, des cordons simples pour séparer horizontalement les étages et une corniche conçue avec vigueur, ayant une saillie bien accusée, on peut obtenir des façades de bon goût et agréables à l'œil, pouvant satisfaire les plus délicats. La simplicité n'exclut pas l'élégance, tout en la manifestant à peu de frais.

VI

DES FONDEMENTS

Les causes principales qui tendent à la destruction des bâtiments sont le tassement et la poussée.

Ces deux accidents sont le résultat de la pesanteur. Il s'en suit qu'il est très important, pour éviter ces causes de destruction, d'apporter une scrupuleuse attention au sol sur lequel on veut construire.

La qualité du sol doit donc être subordonnée au poids plus ou moins grand qu'on veut lui faire supporter, c'est-à-dire qu'un terrain peut être convenable pour une bâtisse légère, et ne pas convenir quand il s'agit d'élever une construction d'un poids considérable. Le tassement du sol peut avoir lieu, sans pour cela causer préjudice à la construction, lorsque le sol est d'une nature identique dans toute l'étendue du bâtiment et le poids également réparti dans toute sa superficie ; alors le tassement étant général et égal, il n'occasionne point de ruptures dans les murs. Si au contraire le poids est inégalement réparti, s'il y a des portions plus hautes et plus massives les unes que les autres, il s'en suivra une pression inégale du sol qui aura pour conséquence d'opérer des déchirements ou des lézardes dans la construction.

On peut considérer comme terrains solides les rocs, les masses de carrières non fouillées, le tuf ; les terres compactes qui n'ont pas été remuées, les sols graveleux, les terrains sablonneux, fermes et encaissés dans un espace limité ne sont pas susceptibles de compression.

On peut classer parmi les mauvais terrains ceux qui sont formés de sable fin, de décombres, de terres rapportées, les terrains vaseux, tourbeux et argileux. Cependant si le sable fin s'y trouve en épaisses couches, on peut considérer ce sol comme propre à bâtir. Un lit de sable de 2 mètres à 2 m. 50 d'épaisseur est suffisant pour supporter sans danger un bâtiment de trois étages.

Les sols glaiseux et argileux de moindre épaisseur n'offrent point la même résistance ; détrempés par les eaux pluviales ils sont facilement comprimés et peuvent, en glissant, faire crouler les constructions. Mais si la couche de glaise est épaisse, dure, sèche, et par conséquent imperméable à l'eau, ce sol peut être considéré comme bon.

Quand on n'a pas le choix du sol, et qu'on est obligé d'établir des fondements sur des terres légères ou poreuses, il faut, après avoir fait les fouilles, battre le sol avec un mouton ou autre machine, en ayant soin d'arroser avec un lait de chaux.

Pour les fondements dans la glaise, on ne peut procéder de la même manière. Le plus simple pour construire solidement, c'est d'établir un grillage de charpente recouvert de plates-formes.

Ce grillage est formé de pièces de bois longitudinales et transversales de 25 à 30 centimètres d'équarrissage, assemblées à queue d'aronde. Sur ce grillage enfoncé de son épaisseur dans la glaise, on forme un plancher de niveau dans toute son étendue avec des madriers jointifs de 8 à 10 centimètres d'épaisseur et chevillés sur les pièces de bois de grillage.

Il faut opérer de même pour établir des fondements sur les terrains tourbeux, vaseux et marécageux.

Un des meilleurs moyens pour connaître la nature du sol, c'est de creuser un puits à proximité pour s'assurer l'eau nécessaire à la maçonnerie.

Nous considérons l'établissement des fondements d'une construction et l'étude du sol comme une question essentielle qui doit être traitée et étudiée avec le plus grand soin, si l'on ne veut pas s'exposer à des effets désastreux souvent irréparables.

VII

DE L'ÉPAISSEUR DES MURS

Il n'y a pas de lois absolues pour l'épaisseur à donner aux murs et aux piliers ; puisque ces lois sont soumises à diverses exigences et considérations qui varient à l'infini selon les circonstances.

Cependant, nous croyons utile d'appeler l'attention des constructeurs sur les conditions essentielles qui régissent cette question.

L'épaisseur d'un mur dépend de la charge qu'il doit supporter, ainsi que du poids des matériaux dont il est formé.

Sa résistance dépend des matériaux principaux dont il est construit, de la bonne liaison des pierres naturelles ou artificielles, et enfin du mortier destiné à faire un tout compact.

Pour l'épaisseur des murs il doit encore être tenu compte des pressions obliques occasionnées par les poutres et les solives, par les vents et les ouragans.

Dans les cas ordinaires, on peut considérer comme solides les murs isolés ou piliers quand ils ont pour épaisseur de 1/6 à 1/8 de leur élévation ; d'une solidité moyenne quand ils ont 1/10, et enfin d'une solidité douteuse s'ils n'ont que 1/12 de leur élévation.

La longueur des murs isolés influe aussi sur l'épaisseur qu'on doit leur donner, ces murs étant sujets aux oscillations produites par de fortes tempêtes.

Ce que nous venons de dire pour les murs de clôture peut s'appliquer aux murs de pourtour ou de face qui ne sont pas reliés par des murs transversaux, lesquels contribuent puissamment à la stabilité des murs de pourtour.

Le genre de matériaux employés est encore de nature à modifier l'épaisseur. Les murs en briques, par exemple, peuvent, à solidité égale, avoir moitié moins d'épaisseur que ceux construits en moellons.

Nous devons ajouter que, dans la construction des maisons, les murs se combinant les uns avec les autres, il en résulte, qu'avec une épaisseur inférieure à celle indiquée plus haut comme règle, ils peuvent souvent avoir une stabilité suffisante.

RESUME

ACTION DE L'ÉTAT, DES COMMUNES, DES SOCIÉTÉS
OU DES PARTICULIERS

Au point de vue social, l'État a un intérêt majeur à provoquer, à encourager dans les banlieues des grandes villes la construction de maisons pour les nombreux employés subalternes.

C'est ce que le gouvernement anglais a compris quand il a prêté une cinquantaine de millions pour la construction d'habitations ouvrières.

L'État subventionne les Compagnies de chemins de fer, pour les encourager à étendre leurs réseaux, dans un but d'utilité publique. Il n'est pas impossible qu'un jour il agisse de même à l'égard des sociétés qui s'occupent de constructions ouvrières.

Il serait à désirer que les villes, les communes prissent, à ce sujet, l'initiative. On peut citer comme exemple les villes de Madrid, Florence, Milan, qui ont donné du terrain pour établir des constructions; la ville de Lille, qui garantit 5 pour 100 d'intérêt aux actionnaires de la Société des cités ouvrières de cette ville ; la ville du Havre, qui a donné 25,000 francs pour établir l'eau et le gaz dans une cité ouvrière.

Sans doute, l'intérêt de ces villes est de provoquer la construction de maisons : ces immeubles étant pour elles une source de revenus.

Le capitaliste prudent, le père de famille qui veut faire valoir honnêtement ses fonds, sans risquer de les perdre, reconnaîtra qu'un placement sûr à 5 pour 100 est préférable à 7, 8 ou 9 pour 100, avec l'inquiétude perpétuelle d'une ruine plus ou moins totale.

C'est afin d'aider ces capitalistes à réussir, que j'ai exposé la manière de procéder pour obtenir un bon résultat.

Nous croyons donc que les employés sérieux, les jeunes ménages d'artisans honnêtes, capables de supporter les frais d'un loyer modeste, trouveront aisément des capitalistes qui s'estimeront heureux de faire comme moi, c'est-à-dire d'avancer les fonds nécessaires pour l'achat du terrain et la construction de la maison, qui deviendra la propriété de ces braves gens après un bail de dix ans.

Ce placement, que nous recommandons, est digne, à tous égards, d'exciter le zèle et le dévouement des amis sincères du peuple.

Il est de tous le plus sûr : avec notre système de bail de dix ans, joint à l'assurance, il offre autant de garantie que les terres qui ne rapportent que 2 à 3 1/2 pour 100.

Quelle différence de sécurité avec tous les placements sur les affaires industrielles et les fonds publics français ou étrangers, sujets à tant de variations et à des chances de perte dans une proportion plus ou moins grande? Que de familles ruinées, que d'épargnes laborieuses englouties par une catastrophe que rien ne faisait prévoir?

Dans une époque tourmentée comme la nôtre, qui peut savoir si des complications, des bouleversements politiques, des guerres formidables, ne détruiront pas le crédit de telle grande compagnie et même de telle nation dont l'état financier paraît prospère et solide aujourd'hui!

L'œuvre que nous proposons nous semble donc propre à contribuer largement au rétablissement et au maintien de la paix sociale ; c'est pour cela que nous y consacrons avec bonheur nos ressources, notre temps et les connaissances que l'expérience des affaires nous a mis à même d'acquérir. Si ce simple exposé inspire à quelque homme généreux, ami sincère des ouvriers et des employés, la pensée de faire comme nous, et qu'il désire des renseignements plus détaillés ou la réponse à quelque difficulté que nous n'ayons pas prévue, nous nous estimerons heureux de nous mettre à sa disposition pour seconder son bon vouloir, le mieux qu'il nous sera possible.

Le succès de la combinaison que nous expérimentons depuis 1876, et qui nous a valu, de la part d'hommes compétents, de nombreuses marques de sympathie et d'encouragement, nous détermine à faire en grand ce que jusqu'ici nous avons fait en petit.

Le projet que nous étudions en ce moment, et que nous pensons mettre bientôt à exécution, consiste à construire, à proximité d'une gare de chemin de fer, à vingt-trois minutes de Paris, une vaste cité composée de plusieurs centaines de maisons.

Chaque maison, entourée d'un jardin, sera isolée et construite pour une seule famille.

La question de salubrité y sera traitée avec un soin tout particulier.

De même, nous nous attacherons à n'accepter comme locataires que les personnes offrant des garanties de moralité et de bon voisinage.

Quant au prix des locations, l'étude de notre projet n'est point assez avancée pour nous permettre de l'indiquer.

Ce que nous pouvons affirmer dès à présent, c'est qu'il ne dépassera point celui des locations ordinaires.

www.ingramcontent.com/pod-product-compliance
Lightning Source LLC
LaVergne TN
LVHW020002180726
843503LV00008B/3786